N° 72

"Pages actuelles"
(1914-1916)

LETTRE

de

L'ÉPISCOPAT BELGE

aux *Cardinaux* et aux *Évêques* *d'Allemagne, de Bavière* et *d'Autriche*

(24 Novembre 1915)

TEXTE OFFICIEL

BLOUD et GAY, Éditeurs
7, PLACE SAINT-SULPICE, PARIS

Lettre

de

L'Épiscopat Belge

aux Cardinaux et aux Évêques

d'Allemagne, de Bavière

et d'Autriche

(24 Novembre 1915)

TEXTE OFFICIEL

Dans le texte original, les signatures des évêques étaient suivies de cette note explicative :

L'envoi d'une Lettre collective de l'Épiscopat belge à l'Épiscopat allemand a été décidé par tous les Évêques belges. Tous ont eu connaissance du projet de la présente lettre et y ont adhéré. Mais, par suite des difficultés de communications avec les Évêques de Gand et de Bruges, le texte définitif de la lettre n'a pu leur être soumis ni recueillir leur signature.

24 novembre 1915.

A Leurs Éminences les Cardinaux et à Leurs Grandeurs les Évêques d'Allemagne, de Bavière et d'Autriche-Hongrie.

ÉMINENCES, MESSEIGNEURS,

Évêques catholiques, nous donnons, depuis une année, au monde — vous, Evêques d'Allemagne, d'une part; nous, Evêques de Belgique, de France, d'Angleterre, d'autre part — un spectacle déconcertant.

A peine les armées allemandes avaient-elles foulé le sol de notre pays, que le bruit se répandait, chez vous, que nos civils prenaient part aux opérations militaires ; que les femmes de Visé et de Liége crevaient les yeux à vos soldats; que la populace avait saccagé, à Anvers et à Bruxelles, les propriétés des Allemands expulsés.

Dès les premiers jours d'août, Dom Ildefons Herwegen, abbé de Maria-Laach, adressait au Cardinal archevêque de Malines un télégramme où il le suppliait, pour l'amour de Dieu, de protéger les soldats allemands contre les tortures que nos compatriotes étaient supposés leur infliger. Or, il était notoire que notre Gouvernement avait pris les mesures utiles.

afin que les citoyens fussent tous instruits des
lois de la guerre ; dans chaque commune, les
armes des habitants devaient être déposées à la
maison communale ; par voie d'affiches, les populations étaient averties que, seuls, les citoyens
régulièrement enrôlés sous les drapeaux étaient
autorisés à porter les armes ; et le clergé, sou-
cieux de seconder la mission de l'Etat, avait
répandu, par la parole, par les bulletins parois-
siaux, par l'application d'affiches aux portes des
églises, les instructions édictées par son Gouvernement.

Habitués, depuis un siècle, à un régime de
paix, nous ne nous faisions pas à l'idée que
l'on pût, de bonne foi, nous prêter des instincts
violents. Forts de notre droit et de la sincé-
rité de nos intentions pacifiques, nous répon-
dîmes aux calomnies des « francs-tireurs » et
des « yeux crevés » par un haussement d'épau-
les, persuadés que la vérité ne tarderait pas à
se faire jour d'elle-même.

Le clergé et l'épiscopat de Belgique étaient
en relations personnelles avec de nombreux
prêtres, religieux, évêques d'Allemagne et
d'Autriche ; les congrès eucharistiques de
Cologne en 1909, de Vienne en 1912, leur avaient
fourni l'occasion de se connaître de plus près
et de s'apprécier mutuellement. Aussi avions-
nous l'assurance que les catholiques des nations
en guerre avec la nôtre ne nous jugeraient pas
à la légère ; et, sans s'inquiéter beaucoup du
contenu du télégramme de Dom Ildefons, le
Cardinal de Malines se borna à l'inviter à prê-
cher, avec nous, la mansuétude : car, ajoutait-il

on nous signale que les troupes allemandes fusillent des prêtres belges innocents.

Dès les tout premiers jours d'août, des crimes avaient été commis à Battice, à Visé, à Berneau, à Herve et ailleurs, mais nous voulions espérer qu'ils resteraient des faits isolés, et, connaissant les très hautes relations de Dom Ildefons, nous avions grande confiance dans la déclaration suivante que, le 11 août, il voulut bien nous transmettre : « Je suis informé, de « première source, que l'ordre formel a été « donné aux soldats allemands, par l'autorité « militaire, d'épargner les innocents. Quant « au fait très déplorable, que même des prê- « tres ont perdu la vie, je me permets de signa- « ler à l'attention de Votre Eminence que ces « derniers jours les habits des prêtres et des « moines sont devenus l'objet de soupçons et « de scandale, depuis que des espions français « se sont servis de l'habit ecclésiastique et « même du costume de religieuses, pour « déguiser leurs intentions hostiles. »

Cependant les actes d'hostilité sur des populations innocentes se poursuivaient.

Le 18 août 1914, Mgr l'évêque de Liége écrivait à M. le commandant Bayer, gouverneur de la ville de Liége : « Coup sur coup, plu- « sieurs villages ont été détruits ; des notables, « parmi lesquels des curés, ont été fusillés ; « d'autres ont été arrêtés, et tous ont protesté « de leur innocence. Je connais les prêtres de « mon diocèse ; je ne puis croire qu'un seul se « soit rendu coupable d'actes d'hostilité envers

« les soldats allemands. J'ai visité plusieurs
« ambulances, et j'ai vu que les blessés alle-
« mands y sont soignés avec le même zèle que
« les belges. Eux-mêmes le reconnaissent (1). »
Cette lettre resta sans réponse.

Au début de septembre, l'empereur d'Allemagne couvrit de son autorité les accusations
calomnieuses dont nos populations innocentes
étaient l'objet. Il envoya au Président des
États-Unis, M. Wilson, ce télégramme qui, jusqu'à cette heure, n'a pas, que nous sachions, été
rétracté : « Le Gouvernement belge a publi-
« quement encouragé la population civile à
« prendre part à cette guerre, qu'il avait depuis
« longtemps préparée avec soin. Les cruautés
« commises au cours de cette guerre de gueril-
« las, par des femmes et même par des prêtres,
« sur des médecins et des infirmières, ont été
« telles, que mes généraux ont été finalement
« obligés de recourir aux moyens les plus ri-
« goureux pour châtier les coupables et pour
« empêcher la population sanguinaire de conti-
« nuer ces abominables actes criminels et
« odieux. Plusieurs villages et même la ville de
« Louvain ont dû être démolis (sauf le très bel
« Hôtel de Ville) dans l'intérêt de notre dé-

---

(1) Voir en annexe le texte intégral de la lettre de
Mgr l'évêque de Liége (Annexe I). La protestation fut re-
nouvelée le 21 août au Général von Kolewe, devenu Gouverneur militaire de Liége ; puis, le 29 août, à S. Exc. le
baron von der Goltz, Gouverneur général des provinces
occupées de la Belgique, et logé, à cette époque, au palais
épiscopal de Liége.

« fense et de la protection de mes troupes. Mon
« cœur saigne quand je vois que pareilles me-
« sures ont été rendues inévitables, et quand
« je songe aux innombrables innocents qui ont
« perdu leur toit et leurs biens par suite des
« faits criminels en question. »

Ce télégramme fut affiché en Belgique, par
ordre du Gouvernement allemand, le 11 septembre. Dès le lendemain, 12 septembre,
Mgr l'Evêque de Namur demanda à être reçu
par le Gouverneur militaire de Namur et pro-
testa contre la réputation que S. M. l'Empereur
cherchait à faire au Clergé belge ; il affirma l'innocence de tous les membres du clergé fusillés
ou maltraités, et se déclara prêt à publier lui-
même les faits coupables que l'on parviendrait
à établir.

L'offre de Mgr l'Évêque de Namur ne fut point
acceptée et sa protestation n'eut point de suite.

La calomnie pouvait ainsi suivre librement
son œuvre. La presse allemande la fomentait.
L'organe du Centre catholique, la *Kölnische
Volkszeitung*, rivalisait de chauvinisme avec la
presse luthérienne, et le jour où des milliers
de nos concitoyens, ecclésiastiques et laïcs, de
Visé, d'Aerschot, de Wesemael, de Hérent, de
Louvain et de vingt autres localités, aussi innocents de faits de guerre ou de cruautés que
vous et nous, furent emmenés prisonniers,
traversèrent les gares d'Aix-la-Chapelle et de
Cologne, et furent, durant de mortelles heures,
donnés en spectacle à la curiosité malsaine de
la métropole rhénane, ils eurent la douleur de
constater que leurs frères catholiques vomis-

saient sur eux autant d'injures que les luthériens sectaires de Celle, de Soltau ou de Magdebourg.

Pas une voix ne s'éleva en Allemagne, pour prendre la défense des victimes.

La légende qui transformait les innocents en coupablés et le crime en acte de justice s'est ainsi accréditée, et, le 10 mai 1915, le *Livre blanc*, organe officiel de l'Empire allemand, osa reprendre à son compte et faire circuler dans les pays neutres ces mensonges odieux et lâches : « Il est indubitable que des blessés
« allemands ont été détroussés et achevés, oui,
« affreusement mutilés par la population belge,
« et que même des femmes et des jeunes filles
« ont participé à ces abominations. Des blessés
« allemands ont eu les yeux crevés, les oreilles,
« le nez, les doigts, les organes sexuels cou-
« pés ou les entrailles ouvertes ; en d'autres cas,
« des soldats allemands ont été empoisonnés,
« pendus à des arbres, arrosés de liquides
« bouillants, parfois carbonisés, en sorte qu'ils
« ont subi la mort dans d'atroces douleurs. Ces
« procédés bestiaux de la population non seu-
« lement violent les obligations expressément
« formulées par la Convention de Genève con-
« cernant les égards et les soins qui sont dus
« aux blessés de l'armée ennemie, mais sont
« contraires aux principes fondamentaux des
« lois de la guerre et de l'humanité (1). »

---

(1) *Die Völkerrechtswidrige Führung des Belgischen Volkskriegs* : Denkschrift, s. 4.

Mettez-vous, un instant, à notre place, chers Confrères dans la foi et dans le sacerdoce.

Nous savons que ces accusations impudentes du Gouvernement impérial sont, d'un bout à l'autre, des calomnies. Nous le savons et nous le jurons.

Or, votre Gouvernement invoque, pour les justifier, des témoignages qui n'ont subi le contrôle d'aucun examen contradictoire.

N'est-il pas de votre devoir, non seulement de charité, mais de stricte justice, de vous éclairer, d'éclairer vos ouailles, et de nous fournir, à nous, l'occasion d'établir juridiquement notre innocence ?

Vous nous deviez cette satisfaction, au nom de la charité catholique, qui domine les conflits nationaux ; vous nous la devez, aujourd'hui, en stricte justice, parce que, un comité, couvert par votre approbation au moins tacite, et qui se compose de tout ce que la politique, la science, la religion comptent de plus distingué en Allemagne, a patronné les accusations officielles, a confié à la plume d'un prêtre catholique, le professeur A.-J. Rosenberg, de Paderborn, le soin de les condenser dans un livre intitulé *Les Accusations mensongères des catholiques français contre l'Allemagne*, et a endossé ainsi à l'Allemagne catholique la responsabilité de la propagation active et publique de la calomnie contre le peuple belge.

Lorsque le livre français (1) auquel les catho-

----

(1) *La Guerre allemande et le Catholicisme*, publié sous le patronage du Comité catholique de propagande française et sous la direction de Mgr Baudrillart, recteur de l'Institut

liques allemands opposent le leur, vit le jour, Leurs Eminences le Cardinal von Hartmann, archevêque de Cologne, et le Cardinal von Bettinger, archevêque de Munich, éprouvèrent le besoin d'adresser à leur Empereur un télégramme ainsi conçu : « Révoltés des diffama-« tions contre la patrie allemande et contre sa « glorieuse armée contenues dans l'ouvrage « *La Guerre allemande et le Catholicisme*, « notre cœur éprouve le besoin d'exprimer sa « douloureuse indignation à Votre Majesté au « nom de tout l'épiscopat allemand. Nous ne « manquerons pas d'élever notre plainte jus-« qu'au chef suprême de l'Eglise. »

Eh bien ! Éminences Révérendissimes, vénérés Collègues de l'épiscopat allemand, à notre tour, nous, Archevêque et Evêques de Belgique, *révoltés des calomnies contre notre patrie belge et sa glorieuse armée*, contenues dans le *Livre blanc* de l'Empire et reproduites dans la réponse des catholiques allemands à l'ouvrage des catholiques français, *nous éprouvons le besoin d'exprimer à notre Roi, à notre Gouvernement, à notre armée, à notre pays, notre indignation douloureuse.*

Et, afin que notre protestation ne se heurte pas à la vôtre, sans effet utile, nous vous demandons de vouloir nous aider à instituer un tribunal d'enquête contradictoire. Vous dési-

---

catholique de Paris ; précédé d'une préface de Son Em. le Cardinal Amette, archevêque de Paris. Un vol. in-8°, prix 2 fr. 40 (Bloud et Gay, éditeurs, Paris).

gnerez, au nom de votre officialité, autant de membres que vous le désirerez et qu'il vous plaira de choisir ; nous en désignerons autant, trois, par exemple, de chaque côté. Et nous demanderons, de commun accord, à l'épiscopat d'un Etat neutre, de la Hollande, de l'Espagne, de la Suisse ou des Etats-Unis, de vouloir nous désigner un superarbitre, qui préside aux opérations du tribunal.

Vous avez porté vos plaintes au Chef suprême de l'Eglise.

Il n'est pas juste qu'il n'entende que votre voix.

Vous aurez la loyauté de nous aider à faire entendre la nôtre.

Nous avons, vous et nous, un devoir identique, c'est de mettre Sa Sainteté en présence de documents éprouvés sur lesquels Elle ait la possibilité d'asseoir son jugement.

Vous n'ignorez pas les efforts que nous avons faits, coup sur coup, pour obtenir, du pouvoir qui occupe la Belgique, la constitution d'un tribunal d'enquête.

Le Cardinal de Malines, à deux reprises, par écrit, le 24 janvier 1915 et le 10 février 1915 ; l'Evêque de Namur, par une lettre adressée au Gouverneur militaire de sa province, le 12 avril 1915 (1), sollicitèrent la formation d'un tribunal, qui devait être composé d'arbitres allemands et belges, en nombre égal, et présidé par un délégué d'un Etat neutre.

---

(1) Voir Annexe II.

Nos instances se butèrent à un refus obstiné. Cependant, l'autorité allemande était soucieuse d'instituer des enquêtes, mais elle les voulait unilatérales, c'est-à-dire sans valeur juridique.

Après avoir refusé l'enquête qu'avait demandée le Cardinal de Malines, l'autorité allemande se rendit en diverses localités où des prêtres avaient été fusillés, des citoyens paisibles massacrés ou faits prisonniers, et là, sur la déposition de quelques témoins pris à l'aventure ou sélectionnés avec discernement, en présence, parfois, d'un représentant de l'autorité locale, qui ignorait la langue allemande et se trouvait ainsi forcé d'accepter et de signer de confiance les procès-verbaux, elle crut pouvoir asseoir des conclusions qui devaient être ensuite présentées au public comme les résultats d'un examen contradictoire.

L'enquête allemande fut conduite en novembre 1914, à Louvain, dans ces conditions. Elle est donc dénuée d'autorité.

Aussi est-il naturel que nous nous tournions vers vous.

La cour arbitrale, que le pouvoir occupant nous a refusée, vous nous l'accorderez, et vous nous obtiendrez de votre Gouvernement la déclaration publique, que les témoins pourront être invités par vous et par nous à dire tout ce qu'ils savent, sans avoir à redouter de représailles. Devant vous, sous le couvert de votre autorité morale, ils se sentiront mieux en sécurité, et encouragés à déposer ce qu'ils ont vu et entendu ; le monde aura foi dans l'épiscopat de nos deux nations réunies ; notre commun contrôle authentiquera les témoignages et garantira la fidélité des procès-verbaux. L'enquête, ainsi menée, fera foi.

Nous demandons cette enquête, Éminences et vénérés Collègues, avant tout, *pour venger l'honneur du peuple belge*. Des calomnies, parties de votre peuple et de ses plus hauts représentants, l'ont violé. Et vous connaissez, comme nous, l'adage de la théologie morale, humaine, chrétienne, catholique : Sans restitution, pas de pardon : *Non remittitur peccatum, nisi restituatur ablatum.*

Votre peuple, par l'organe de son pouvoir politique et de ses plus hautes autorités morales, a accusé nos concitoyens de s'être livrés sur des blessés allemands aux atrocités et aux horreurs, dont le *Livre blanc* et le manifeste des catholiques relevaient ci-dessus le détail : *nous opposons à toutes ces accusations un démenti formel*, et nous demandons à faire la preuve du bien-fondé de notre démenti.

En revanche, pour justifier les atrocités commises en Belgique par l'armée allemande, le Pouvoir politique, par l'en-tête même du Livre blanc, « *Die Völkerrechtswidrige Führung des Belgischen Volkskriegs* » (la violation du droit des gens par les procédés de guerre du peuple belge) ; les cent catholiques signataires de l'ouvrage « La Guerre allemande et le Catholicisme : Réponse allemande aux attaques françaises » affirment que l'armée allemande s'est trouvée, en Belgique, en cas de légitime défense contre une organisation perfide de francs-tireurs.

Nous affirmons qu'il n'y a eu, nulle part, en Belgique, une organisation de francs-tireurs, et nous revendiquons, au nom de notre honneur national calomnié, le droit de faire la preuve du bien-fondé de notre affirmation.

Vous appellerez, devant le tribunal d'enquête contradictoire, qui vous voudrez. Nous inviterons à y comparaître tous les prêtres des paroisses où des civils, prêtres, religieux, ou laïques furent massacrés ou menacés de mort, au cri de : « Man hat geschossen » (On a tiré); nous inviterons tous ces prêtres à signer, si vous le voulez, leur déposition sous la foi du serment, et alors, *sous peine de prétendre que tout le clergé belge est parjure, vous devrez bien accepter, et le monde civilisé ne pourra pas récuser les conclusions de cette solennelle et décisive enquête.*

Mais nous ajoutons, Éminences et vénérés Collègues, que vous avez le même intérêt que nous, à la constitution d'un tribunal d'honneur.

Car nous, appuyés sur une expérience directe, nous savons et nous affirmons que l'armée allemande s'est livrée en Belgique, en cent endroits différents, à des pillages, à des incendies, à des emprisonnements, à des massacres, à des sacrilèges, contraires à toute justice et à tout sentiment d'humanité.

Nous affirmons cela, notamment, pour les communes dont les noms ont figuré dans nos lettres pastorales et dans les deux notes adressées par les Evêques de Namur et de Liége, respectivement le 31 octobre et le 1er novembre 1915, à Sa Sainteté le Pape Benoît XV, à S. Exc. le Nonce de Bruxelles et aux Ministres ou représentants des pays neutres de résidence à Bruxelles (1).

Cinquante prêtres innocents, des milliers de fidèles innocents, furent mis à mort; des centaines d'autres, auxquels des circonstances indépendantes de la volonté de leurs persécuteurs ont conservé la vie, furent mis en danger de mort; des milliers d'innocents, sans aucun jugement préalable, furent faits prisonniers, beaucoup d'entre eux subirent des mois de détention, et, lorsqu'ils furent relâchés, les interrogatoires les plus minutieux qu'ils avaient subis n'avaient relevé chez eux aucune culpabilité.

Ces crimes crient vengeance au Ciel.

Si, en formulant ces dénonciations, nous calomnions l'armée allemande, ou si l'autorité militaire a eu de justes raisons de commander ou de permettre ces actes, que nous appelons criminels, il va de l'honneur et de l'intérêt national de l'Allemagne de nous confondre. Tant que la Justice allemande se dérobe, nous gardons le droit et le devoir de dénoncer ce que, en conscience, nous considérons comme gravement attentatoire à la justice et à notre honneur.

Le Chancelier de l'Empire allemand, dans la séance du 4 août, déclara que l'envahissement

____

(1) Voir Annexe III.

du Luxembourg et de la Belgique était *en contradiction avec les prescriptions du droit des gens;* il reconnut que, « en passant outre aux « protestations justifiées des Gouvernements « luxembourgeois et belge, il commettait *une* « *injustice* qu'il promettait de réparer »; et le Souverain Pontife, faisant intentionnellement allusion à la Belgique, ainsi qu'il daigna le faire écrire à Monsieur le Ministre Van den Heuvel par Son Eminence le Cardinal Gasparri, Secrétaire d'Etat, prononça dans son Allocution consistoriale du 22 janvier 1915 ce jugement irréformable : « Il appartient au Pontife « Romain, que Dieu a établi interprète souve- « rain et vengeur de la loi éternelle, de procla- « mer, avant tout, que *nul ne peut, pour quelque* « *raison que ce soit, violer la justice.* »

Depuis lors, toutefois, politiciens et casuistes essayèrent d'esquiver ou d'énerver ces paroles décisives. Dans leur réponse aux catholiques français, les catholiques allemands se livrent aux mêmes subtilités mesquines et voudraient les corroborer par un fait. Ils ont à leur disposition deux témoignages, l'un, d'un anonyme, qui a vu, dit-il, le 26 juillet, des officiers français en conversation, au boulevard Anspach à Bruxelles, avec des officiers belges; l'autre, d'un certain Gustave Lochard, de Rimogne, lequel dépose que « deux régiments de dragons français, le 28° et le 3o°, et une batterie ont franchi la frontière belge, le soir du 31 juillet 1914 et sont demeurés exclusivement sur le territoire de la Belgique pendant toute la semaine suivante ».

Or, le Gouvernement belge affirme « que, avant la déclaration de guerre, aucune troupe française, si minime fût-elle, n'avait pénétré en Belgique ». Et il ajoute : « Il n'est pas de témoignage honnête qui puisse se dresser contre cette affirmation. »

Le Gouvernement de notre Roi accuse donc d'erreur l'affirmation des catholiques allemands.

Il y a là une question de primordiale importance, à la fois politique et morale, sur laquelle nous devrions éclairer la conscience publique

Que si, cependant, vous décliniez l'examen de cette question générale, nous vous demanderions de vouloir tout au moins contrôler les témoignages sur lesquels se sont appuyés les catholiques allemands pour la trancher contre nous. La déposition de ce Gustave Lochard porte sur des faits aisés à contrôler. Les catholiques allemands tiendront à se laver du reproche d'erreur et se feront un devoir de conscience de se rétracter, s'ils se sont laissé tromper à notre détriment.

Nous ne l'ignorons pas, vous répugnez à croire que des régiments dont vous connaissez, dites-vous, la discipline, l'honnêteté, la foi religieuse, aient pu se livrer aux actes inhumains que nous leur reprochons. *Vous voulez vous persuader que cela n'est pas, parce que cela ne peut pas être.*

Et, contraints par l'évidence, *nous vous répondons que cela peut être, attendu que cela est.*

Devant le fait, il n'y a pas de présomption qui tienne.

Il n'y a, pour vous comme pour nous, qu'une issue : la vérification du fait par une commission dont l'impartialité soit et apparaisse à tous indiscutable.

Nous comprenons sans peine votre disposition d'âme.

Nous respectons, nous aussi, veuillez le croire, l'esprit de discipline, de travail, de foi, dont nous avions si souvent touché les preuves et recueilli les témoignages chez vos compatriotes. Très nombreux sont les Belges, qui avouent aujourd'hui l'amertume de leur déception. Mais ils ont vécu les événements sinistres d'août et de septembre. La vérité a triomphé de leurs plus intimes résistances. *Le fait n'est plus niable : la Belgique a été martyrisée.*

Lorsque des étrangers des pays neutres — Américains, Hollandais, Suisses, Espagnols — nous interrogent sur la façon dont la guerre allemande fut menée, et que nous leur relatons certaines scènes, dont nous avons dû, malgré nous, constater l'horreur, nous en atténuons l'impression, tant nous sentons que la vérité toute nue sort des limites de la vraisemblance.

Toutefois, lorsque, mis en présence de la réalité totale, vous aurez pu analyser les causes, les unes lointaines, les autres immédiates, de ce qu'un de vos généraux, en face des ruines du petit village de Schaffen-lez-Diest et du martyre du pasteur de la paroisse, appelait « une erreur tragique » ; lorsqu'on vous entretiendra des influences que subirent vos soldats au moment de leur entrée en Belgique et dans l'enivrement de leurs premiers succès, l'invraisem-

blanœ de la vérité vous apparaîtra, comme à
nous, moins déconcertante.

Surtout, Éminences et vénérés Collègues, ne
vous laissez pas retenir par le vain prétexte
qu'une enquête serait, aujourd'hui, prématurée.

Nous pourrions, à la rigueur, dire cela, nous,
parce que l'enquête se ferait, à l'heure présente,
dans des conditions défavorables pour nous.
Nos populations ont été, en effet, si profondément terrorisées, la perspective de représailles
est encore pour elles si sombre, que les témoins
que nous invoquerons devant un tribunal, pour
une partie allemand, oseront à peine dire
jusqu'au bout la vérité.

Mais des raisons décisives s'opposent à tout
procédé dilatoire.

La première, celle qui vous ira le plus droit
au cœur, c'est que nous sommes les faibles et
que vous êtes les puissants. Vous ne voudrez
pas abuser de votre force contre nous.

L'opinion publique va, d'ordinaire, à celui
qui le premier s'en empare.

Or, tandis que vous avez toute liberté
d'inonder de vos publications les pays neutres,
nous sommes emprisonnés et réduits au silence.
A peine nous est-il permis d'élever la voix à
l'intérieur de nos églises; les prédications y
sont contrôlées, c'est-à-dire travesties par des
espions à gages; les protestations de la conscience sont qualifiées de révolte contre les Pou-
voirs publics; nos écrits sont arrêtés à la frontière comme articles de contrebande. Vous êtes
donc seuls à jouir de la liberté de la parole et de

la plume, et si vous voulez, par esprit de charité et d'équité, en procurer aux accusés belges une parcelle et leur fournir l'occasion de se défendre, c'est à vous qu'il appartient de venir, au plus tôt, les protéger. Le vieil adage juridique : *Audiatur et altera pars*, se trouve inscrit, dit-on, sur le fronton de nombreux tribunaux allemands. En tout cas, chez vous comme chez nous, il dicte la loi aux jugements des officialités épiscopales, et, chez vous aussi, sans doute comme chez nous, il circule dans la langue populaire, sous cette forme imagée : qui n'entend qu'une cloche n'entend qu'un son.

Vous direz peut-être : c'est le passé, oubliez-le. Au lieu de jeter de l'huile sur le feu, appliquez-vous plutôt à pardonner et unissez vos efforts à ceux du Pouvoir occupant, qui ne demande qu'à panser les blessures du malheureux peuple belge.

Oh ! Éminences et chers Collègues, n'ajoutez pas l'ironie à l'injustice.

N'avons-nous pas assez souffert ? N'avons-nous pas été, ne sommes-nous pas encore assez cruellement torturés ?

C'est le passé, dites-vous, résignez-vous, oubliez.

Le passé ! mais toutes les plaies sont saignantes ! Il n'y a pas un cœur honnête qui ne soit gonflé d'indignation. Tandis que nous entendons notre Gouvernement dire à la face du monde : « Celui-là est deux fois coupable « qui, après avoir violé les droits d'autrui, tente

« encore, avec le plus audacieux cynisme, de
« se justifier en imputant à sa victime des fau-
« tes qu'elle n'a jamais commises », nos gns
du peuple n'étouffent que par la violence des
paroles de malédiction. Hier encore, un cam-
pagnard de la banlieue de Malines apprend que
son fils a succombé au champ de bataille. Un
prêtre le console. Et le brave, de répondre :
« Oh ! celui-ci, je le donne à la patrie. Mais, mon
aîné, ils me l'ont pris, les m..., et l'ont lâche-
ment couché dans un fossé ! »

Comment voulez-vous que nous obtenions
de ces malheureux, qui ont connu toutes les
tortures, une parole sincère de résignation et
de pardon, aussi longtemps que ceux qui les
ont fait souffrir leur refusent un aveu, une
parole de repentir, une promesse de répara-
tion ?

L'Allemagne ne nous rendra plus le sang
qu'elle a fait couler, les vies innocentes que ses
armées ont fauchées ; mais il est en son pouvoir de restituer au peuple belge son honneur,
qu'elle a violé ou laissé violer.

Cette restitution, nous vous la demandons à
vous qui êtes, au premier chef, les représentants de la morale chrétienne dans l'Eglise
d'Allemagne.

Il y a quelque chose de plus profondément
triste que les divisions politiques et les désastres matériels : ce sont ces haines que l'injustice,
réelle ou présumée, accumule en tant de cœurs
faits pour s'aimer. Pasteurs de nos peuples,
n'est-ce pas à nous qu'incombe la mission de
faciliter la décharge de ces sentiments mauvais

et de rétablir sur la base, aujourd'hui ébranlée, de la justice, l'union, dans la charité, de tous les enfants de la grande famille catholique?

Le Pouvoir occupant dit et écrit, en effet, son intention de panser nos plaies.

Mais, dans le for extérieur, on juge de l'intention par l'action.

Or, tout ce que nous savons, nous, pauvres Belges, qui subissons passagèrement la domination de l'Empire, c'est que le Pouvoir, qui s'est engagé d'honneur à nous gouverner d'après le droit international codifié dans la Convention de La Haye, méconnaît ses engagements.

Nous ne parlons pas des abus individuels commis contre des particuliers ou des communes et dont le caractère ne pourra être établi que par une instruction contradictoire après la guerre; nous ne visons, en ce moment, que les actes du Gouvernement, tels qu'ils résultent de pièces officielles émanant de lui, affichées par lui aux murs de nos villes, et engageant, en conséquence, sans discussion possible directement sa responsabilité.

Or, les infractions à la Convention de La Haye, depuis la date de l'occupation de nos provinces, sont nombreuses et flagrantes. Nous les rangeons ici sous quelques têtes de chapitres et nous fournirons en Annexe (1) les preuves de nos allégations. Voici ces principaux chefs d'infraction :

____

(1) Annexe IV.

Punitions collectives édictées à raison de faits individuels, contrairement à l'article 5o de la Convention de La Haye;

Travail forcé pour l'ennemi, contrairement à l'article 52 ;

Impôts nouveaux, en violation des articles 48, 49 et 52;

Abus des réquisitions en nature, en violation de l'article 52 ;

Méconnaissance des lois en vigueur dans le pays, contrairement à l'article 43.

Ces violations du droit international, qui aggravent notre malheureux sort et accumulent, dans des cœurs habituellement pacifiques et charitables, des ferments de révolte et de haine, *ne se poursuivraient pas, si ceux qui les commettent ne se sentaient soutenus, sinon par l'approbation positive, au moins par le silence complaisant de tous ceux qui forment l'opinion dans leur propre pays.*

Avec confiance, donc, nous reprenons notre appel à votre charité ; nous sommes les faibles, vous êtes les forts; venez et jugez s'il vous est encore loisible de ne point nous secourir.

Il y a, d'ailleurs, à la constitution d'une Commission d'enquête par des membres de l'épiscopat catholique, des raisons d'ordre général.

Nous y avons appuyé déjà; le spectacle que donnent au monde nos divisions est déconcertant; il lui est une occasion de scandale, et éveille chez lui des pensées de blasphème.

Nos populations ne comprennent pas que vous puissiez ignorer la double iniquité flagrante qui s'est abattue sur la Belgique : — la violation de notre neutralité ; la conduite inhumaine de vos soldats — et que, la connaissant, vous n'éleviez pas la voix pour la condamner et vous en désolidariser.

En revanche, ce qui doit scandaliser *vos* populations, protestantes et catholiques, c'est le rôle prêté par votre presse au clergé belge et à une nation à laquelle, depuis trente ans, préside un Gouvernement notoirement catholique. « Prenez garde, disait M#^gr# l'Evêque de « Hildesheim à son clergé, dès la date du « 21 septembre 1914, ces griefs que la presse « répand sur le compte des prêtres, des moines, « des religieuses des nations catholiques, « creusent un fossé entre les catholiques et « les protestants du sol allemand, et l'avenir « religieux de l'Empire est mis en péril (1). » La campagne de calomnies contre notre clergé et notre peuple ne s'est point ralentie. Le

______

(1) « Denn es handelt sich bei solchen Gerüchten nicht nur um die Ehre von Konfraters, sondern auch um Gefährdung heiliger Interessen des Katholischen Volkes in Deutschland, Sind doch solche Gerüchte dazu angetan das friedliche Verältnis unter den Angehörigen der verschiedenen Konfessionen langsam zu untergraben, Mistrauen gegen den Klerus überhaupt hervorzurufen und unter den in der Diaspora lebenden Katholiken tiefe Verstimmung und Verwirrung anzurichten. Daher ist er für den Diasporapfarrer doppelt notwendig, gegenüber den in seiner Gemeinde etwa umlaufenden Verdächtigungen des Klerus besonders wachsam zu sein. »

Dr. Adolf Bertrand Bischof von Hildesheim : « *Wachsamkeit gegenüber Verdächtigungen des Klerus.* »

député du centre Erzberger semble s'être donné le rôle de la fomenter. Jusqu'en Belgique, dans la cathédrale d'Anvers, le seizième dimanche après la Pentecôte, un de vos prêtres, Heinrich Mohr, osait dire, du haut de la chaire de vérité, aux soldats catholiques de votre armée : « Des documents officiels nous ont appris comment les Belges ont pendu à des arbres des soldats allemands, les ont arrosés de liquides bouillants, les ont brûlés vifs (1). »

Il n'y a qu'un moyen de faire cesser ces scandales, c'est la mise au jour de la vérité plénière, et la condamnation publique, par l'autorité religieuse, des vrais coupables.

Il y a pour les gens honnêtes, croyants ou incroyants, un autre sujet de scandale : c'est la manie de mettre au premier plan la supputation des avantages et des désavantages qu'auraient les intérêts catholiques au succès, soit de la Triple Alliance, soit de la Quadruple Entente. Le professeur Schrörs, de l'Université de Bonn (2), a, le premier, à notre connaissance, voué ses loisirs à ces calculs agaçants.

Les résultats religieux de la guerre sont le

---

(1) « Man hat in den amtlichen Berichten entsetzliche Dinge gelesen... Wie die Belgier deutsche soldaten an den Bäumen aufhängten, mit heizem Teer verbruhten und lebendig anzündeten. » Feldpredigt auf den 16e sonntag nach Pfingstern von Heinrich Mohr. Le sermon a été publié dans le périodique : *Die Stimme der Heimat,* n° 34; Freiburg in Br., 1915, Herder.

(2) *Der Krieg und der Katholizismus,* von Dr Heinrich Schrörs, prof. der Katholischen Theologie an der Universität in Bonn.

secret de Dieu, et aucun de nous n'est dans les confidences divines.

Mais il y a une question qui domine celle-là, c'est une question de morale, de droit, d'honneur.

Cherchez avant tout, dit Notre-Seigneur dans son saint Evangile, *le royaume de Dieu et sa iustice : le reste vous sera donné par surcroît.*

Fais ce que dois, advienne que pourra!

Aussi avons-nous, à l'heure présente, nous Evêques, un devoir moral et, par conséquent, religieux, qui prime tous les autres, c'est de rechercher et de proclamer la vérité.

Le Christ, dont nous avons l'insigne honneur d'être à la fois les disciples et les ministres, n'a-t-il pas dit : « *Ma mission sociale est de rendre témoignage à la vérité*, Ego ad hoc veni in mundum, ut testimonium perhibeam veritati » ?

Au jour solennel de notre consécration épiscopale, nous avons promis à Dieu et à l'Eglise catholique de n'être jamais des déserteurs de la vérité, de ne céder ni à l'ambition ni à la crainte, lorsqu'il s'agira de prouver que nous l'aimons : « *Veritatem diligat, neque eam unquam deserat, aut laudibus aut timore superatus* (1). »

Nous avons donc, de par notre vocation, un rôle commun et un terrain d'entente. La confusion règne dans les esprits : ce que les uns appellent lumière, les autres l'appellent ténèbres ; ce qui est bien pour les uns est mal pour les autres. Le tribunal d'enquête contradictoire,

---

(1) *Pontificale Romanum :* De consecratione electi in episcopum.

auquel nous avons l'honneur de convier vos délégués, contribuera, nous en nourrissons l'espoir, à dissiper plus d'une équivoque : « *Non ponat lucem tenebras, nec tenebras lucem; non dicat malum bonum, nec bonum malum.* »

De toute l'ardeur de ses vœux, Notre Saint-Père le Pape appelle la paix ; dans la lettre qu'il a daigné vous adresser à Fulda, lors de votre dernière réunion, Il vous pressait, Il nous presse tous de la désirer avec lui. Mais il ne la veut qu'appuyée sur le respect du droit et de la dignité des peuples : « *Dum votis omnibus pacem expetimus, atque eam quidem pacem, quae et justitiae sit opus et populorum congruat dignitati...* (1) »

Nous répondrons donc au vœu de notre Père commun, en travaillant de concert à *faire éclater et triompher la vérité, sur laquelle doit reposer la justice, l'honneur des nations et finalement la paix.*

Agréez, Eminences et vénérés Collègues, l'expression de nos sentiments respectueux et de fraternel dévouement.

> (*Signé :*) D.-J. Cardinal MERCIER, *archevêque de Malines.*
> ANTOINE, *évêque de Gand.*
> GUSTAVE-J., *évêque de Bruges.*
> THOMAS-LOUIS, *évêque de Namur.*
> MARTIN-HUBERT, *évêque de Liége.*
> AMÉDÉE CROOY, *évêque nommé de Tournai.*

---

(1) *Acta Apostolicae Sedis*, vol. VII, die 6 Octobris 1915.

ANNEXE I

LETTRE ADRESSÉE PAR SA GRANDEUR MONSEIGNEUR L'ÉVÊQUE DE LIÉGE A MONSIEUR LE COMMANDANT BAYER, GOUVERNEUR DE LIÉGE, A LA DATE DU 18 AOUT 1914.

Monsieur le Commandant,

Je m'adresse à votre cœur d'homme et de chrétien et je vous supplie de faire mettre un terme aux exécutions et aux représailles. On m'a appris, coup sur coup, que plusieurs villages ont été détruits, que des personnes notables, parmi lesquelles des curés, ont été fusillées, que d'autres ont été arrêtées, et tous ont protesté de leur innocence. Tels que sont les prêtres de mon diocèse, je ne puis croire qu'un seul se soit rendu coupable d'actes d'hostilité envers les soldats allemands. J'ai visité plusieurs ambulances et j'ai vu que les blessés allemands y sont soignés avec le même zèle que les Belges. Eux-mêmes le reconnaissent. Si les soldats de l'armée belge, placés aux avant-postes, ont tiré sur les Allemands à leur entrée en Belgique, peut-on en faire un crime à la population civile ? Et si même quelques civils avaient aidé les soldats à repousser les éclaireurs allemands, peut-on en rendre responsable la population entière, les femmes, les enfants, les prêtres ? Mais je ne veux pas discuter les actes du passé, je vous demande seulement, au nom de l'humanité et de Dieu, d'empêcher les représailles sur des populations inoffensives. Ces représailles ne peuvent plus avoir de but utile, mais pousseront les populations au désespoir.

Je serai heureux de pouvoir vous entretenir sur ce sujet, car j'ai la confiance que vous voulez comme moi adoucir les maux de la guerre au lieu de les aggraver.

Au dernier moment, j'apprends que le curé de R... est arrêté et conduit à la Chartreuse. J'ignore ce dont il est accusé, mais je sais qu'il est incapable de commettre un acte d'hostilité envers vos soldats : il est bon prêtre, doux et charitable. Je réponds de lui et je vous supplie de le rendre à sa paroisse.

Veuillez agréer, etc.

(Signé :) M.-H. RUTTEN, *Évêque de Liége.*

Cette lettre resta sans réponse, mais les mêmes protestations furent renouvelées, le 21 août, à M. le général Von KOLEWE, devenu entre temps gouverneur militaire de Liége.

Les mêmes protestations, fortement développées et énergiquement accentuées, furent renouvelées dans un entretien avec le gouverneur général de la Belgique occupée, M. VON DER GOLTZ pacha, alors logé au palais épiscopal avec son état-major, le 29 août.

(Signé :) M.-H. RUTTEN, *Évêque de Liége.*

ANNEXE II

Cette Annexe contient :

1° Une lettre de Son Eminence le Cardinal Mercier, archevêque de Malines, à M. le Kreischef de la circonscription de Malines, en date du 24 janvier 1915 ;

2° Une communication de S. Em. le Cardinal de Malines, transmise au Gouvernement général par l'intermédiaire de M. l'adjudant von Flemming, en date du 10 février 1915 ;

3° Une lettre de S. G. Mgr l'Evêque de Namur à M. le Gouverneur militaire de Namur, en date du 12 avril 1915 ;

4° Une note relative à une enquête partielle faite par un prêtre autrichien, délégué du *Wiener Priester Verein ;*

5° La correspondance du Cardinal de Malines avec Son Exc. le Gouverneur général allemand au sujet d'outrages subis par des religieuses.

1° Dans sa lettre pastorale de Noël 1914, le Cardinal de Malines avait publié les noms des prêtres innocents qui avaient été mis à mort par les troupes allemandes.

M. le Comte von Wengersky, Kreischef de la circonscription de Malines, écrivit au Cardinal, le 20 janvier, le lettre suivante :

Der Kreischef Tgb. N° 268/11.
Mecheln, den 20-1-1915.

An Seine Eminenz den Kardinal Erzbischof von Mecheln.

Nach einer Zeitungsnotiz sollen in dem Bistum Mecheln mehrere Priester unschuldig getötet worden sein.

Um eine Nachforschung einleiten zu können, bitte ich Euer Eminenz um gefällige Miteilung, ob und welche Priester des Bistums Mecheln unschuldig getötet worden sind.

Es wäre mir sehr erwünscht, zu erfahren, welche Umstände hierzu geführt haben, welche Truppen eventuell in Betracht kommen, und an welchen Tagen dieses geschehen ist.

Der Kreischef,
(Gez :) WENGERSKY,
Oberts.

NOTE DE L'ÉDITEUR. — Voici la traduction de cette lettre :

Le Chef de District Tgb. N° 268/11.
Malines, le 20 janvier 1915.

A Son Éminence le Cardinal Archevêque de Malines.

D'après une information de presse, plusieurs prêtres innocents avaient été tués dans le diocèse de Malines.

Pour pouvoir faire une enquête, je prie Votre Éminence de bien vouloir me faire savoir si des prêtres innocents du diocèse de Malines ont été tués, et qui furent ces prêtres.

Je désirerais beaucoup savoir ensuite dans quelles circonstances ils ont été tués, éventuellement par quelles troupes, et à quelles dates.

Le chef de district,
(Signé :) WENGERSKY,
Colonel.

Le Cardinal répondit en ces termes au Comte von Wengersky :

ARCHEVÊCHÉ DE MALINES

Le 24 janvier 1915.

Monsieur le Kreischef,

J'ai l'honneur de vous accuser réception de la lettre 268/11, datée du 20 janvier, que vous avez bien voulu me faire parvenir.

Les noms des prêtres et des religieux du diocèse de Malines qui, à ma connaissance, ont été mis à mort par les troupes allemandes sont les suivants · Dupierreux, de la Compagnie de Jésus ; le frère Sébastien Allard, de la Congrégation des Joséphites ; le frère Candide, de la Congrégation des Frères de Notre-Dame de Miséricorde ; le père Vincent, Conventuel ; Carette, professeur ; Lombaert, Goris, de Clerck, Dergent Wouters, Van Bladel, curés.

A la date de Noël, je ne savais pas encore, avec certitude, quel sort avait subi le curé de Hérent. Depuis lors, son cadavre a été retrouvé à Louvain et identifié.

D'autres chiffres cités dans ma lettre pastorale devraient être aujourd'hui majorés : ainsi, pour Aerschot, j'avais donné le chiffre de 91 victimes ; or, le total des Aerschotois exhumés s'élevait, il y a quelques jours, au chiffre de 143. Mais le moment n'est pas venu d'appuyer sur ces faits particuliers. Leur relation trouvera place dans l'enquête que vous me faites espérer.

Ce me sera une consolation de voir la pleine lumière se faire sur les événements que j'ai dû rappeler dans ma lettre pastorale, et sur d'autres du même ordre.

Mais il est essentiel que les résultats de cette enquête apparaissent à tous avec une indiscutable autorité.

A cet effet, j'ai l'honneur de vous proposer, Monsieur le Comte, et de proposer, par votre obligeante entremise, aux autorités allemandes que la commission d'enquête soit composée, en parties égales, de délégués allemands et de magistrats belges à désigner par le chef de notre magistrature, et présidée par le représentant d'un pays neutre. Je me plais à penser que Son Exc. M. le Ministre des Etats-Unis ne refuserait pas d'accepter cette présidence ou de la confier à un délégué de son choix.

Agréez, je vous prie, Monsieur le Kreischef, les assurances de ma haute considération.

(Signé :) D.-J. Card MERCIER,
Archevêque de Malines.

A Monsieur le Comte von Wengersky,
   Kreischef, Malines.

Cette demande resta sans réponse.

2° Le 10 février 1915, l'adjudant VON FLEMMING se présenta, au nom du Kreischef, à l'archevêché de Malines, à l'effet de renouveler verbalement au Cardinal le questionnaire auquel celui-ci avait déjà répondu par écrit dans sa lettre du 24 janvier. Le Cardinal fit observer à

M. l'adjudant que des questions de cette nature doivent être formulées et solutionnées par écrit. Il rédigea, en conséquence, dans les termes qui suivent, les demandes de M. le Kreischef et les réponses qu'elles comportaient, et le document fut signé ensuite par M. l'adjudant et par le Cardinal de Malines :

ARCHEVÊCHÉ DE MALINES

Monsieur l'adjudant von Flemming me demande, au nom du Gouvernement général :

a) Quelles sont les communes où des prêtres ont été fusillés ;

b) Quelles sont les troupes qui les ont mis à mort, et à quel jour ;

c) Si l'Évêque du diocèse prétend que ces prêtres étaient innocents.

a) Les noms de ces communes ont déjà été imprimés dans ma lettre pastorale de Noël 1914, à la page 65 ;

b) L'Etat-Major allemand est, mieux que personne, en mesure de savoir quelles troupes occupaient une commune à tel jour déterminé. Les populations reconnaissent aisément l'uniforme allemand, mais ne discernent pas, pour la plupart, les régiments qui composent l'armée;

c) Ma conviction personnelle et motivée est que les prêtres dont j'ai cité les noms étaient innocents ; mais, en justice, ce n'est pas à nous d'établir leur innocence ; c'est aux autorités militaires qui ont sévi contre eux d'établir leur culpabilité.

Les témoins appelés à rendre témoignage en présence d'une commission unilatérale auront, en général, peur de dire toute la vérité. Celle-ci ne sera pleinement connue et ne se fera universellement accepter qu'à la condition qu'une commission mixte soit formée pour la recueillir et pour en garantir l'impartialité et l'exactitude.

Aussi ne puis-je que renouveler, pour la troisième fois (1), ma proposition de confier à une commission mixte, composée en partie de magistrats allemands et en partie de magistrats belges, le soin de faire la pleine lumière sur les faits au sujet desquels le Gouvernement général a l'heureuse inspiration d'instituer une enquête. Afin de donner aux résultats de l'enquête toute l'autorité désirable, il importerait que le tribunal fût présidé par un délégué d'un État neutre.

Fait à Malines, le 10 février 1915.

(Signé :) D.-J. Card. Mercier,
Archevêque de Malines.

(Signé :) Von Flemming,
Ritmeister und Adjudant
des Kreischefs in Mecheln.

Cette demande resta sans réponse.

3° A l'occasion de la publication d'une lettre confidentielle du Ministre de la Guerre de

---

(1) La proposition avait été formulée une première fois, par écrit, le 24 janvier, et reprise de vive voix, le 8 février, par Mgr Van Roey, vicaire général, qui avait été mandé à la Kommandantur de Malines.

Prusse au Grand Chancelier, S. G. Mgr. l'Evêque de Namur publia, le 12 avril 1915, une réponse à ce document.

Or le Gouverneur militaire de Namur contesta — sans rien préciser d'ailleurs — les affirmations contenues dans la réponse de l'Evêque.

Celui-ci maintint ses affirmations et ajouta : « Devant la divergence de vues qui nous sépare, il ne reste qu'un moyen de faire aux « yeux de tous la lumière sur les faits. C'est « d'en confier l'examen à la Commission d'en- « quête que j'ai proposée. J'ai la confiance que « Votre Excellence s'y ralliera et en appuiera le « projet auprès du gouverneur général. »

(Signé :) T.-L., *Évêque de Namur.*

La proposition de S. G. Mgr l'Evêque de Namur resta sans réponse.

4° Un prêtre accrédité par S. Em. le Cardinal PIFFL, Prince-Archevêque de Vienne, fit en Belgique une enquête au nom du *Wiener Priester Verein.* Les résultats de cette enquête partielle furent publiés dans le *Tijd,* d'Amsterdam, et dans le *Politiken,* de Copenhague. Ils sont accablants pour les autorités militaires allemandes. Mais, si nous sommes bien renseignés, les journaux allemands et autrichiens s'abstinrent de les porter à la connaissance de leurs lecteurs.

5° Avant de mettre fin à cette Annexe relative aux enquêtes, nous avons à faire une rectification.

Dans leur réponse aux catholiques français, les catholiques allemands parlent des attentats

contre les religieuses et écrivent : « Le Gou-
« verneur général allemand en Belgique s'est
« adressé à ce sujet aux Evêques belges... L'Ar-
« chevêque de Malines a fait savoir qu'il ne pou-
« vait fournir aucun renseignement précis sur
« un cas quelconque de viol de religieuses
« dans son diocèse. »

Cette dernière phrase est matériellement
exacte, mais induit en erreur le lecteur inatten-
tif. J'ai écrit, en effet, au Gouverneur général,
que je ne pouvais lui fournir aucun renseignement précis, parce que ma conscience m'inter-
disait de livrer à un tribunal quelconque les
renseignements, hélas! très précis, que je pos-
sède. Des attentats sur des religieuses ont été
commis. Je les crois, heureusement, peu nombreux, mais il y en a eu, à ma connaissance,
plusieurs.

Puisque M. le Gouverneur général a cru pouvoir donner au public un extrait de la réponse
que j'eus l'honneur de lui adresser sur ce sujet
délicat, il est de mon devoir de reproduire ici
le texte intégral de notre correspondance.

Voici la lettre que m'écrivit, le 30 mars 1915,
M. le Gouverneur général :

DER GENERAL GOUVERNEUR
IN BELGIEN

—

Brüssel, den 30 März 1915.

EUERE EMINENZ,

In der ausländischen Presse ist in lezter
Zeit wiederholt, neben einer Reihe anderer

Anschuldigungen, die zum grössten Teil bereits als unberechtig nachgewiesen sind, der schwere Vorwurf erhaben worden, deutsche Soldaten bei den Durchmarsch in Belgien nicht davor zurück geschreckt sich an belgischen Klosterfrauen zu vergreifen.

Es erübericht sich darauf hinzuweisen, dass derartige Vergehungen, falls sie sich als wahr heraustellen sollten, meiner und der deutschen Regierung schärfster Missbilligung sicher sind. Anderseits ist es eine Forderung der Billigkeit, als unwahr erwiesene Anschuldigungen gebührend zurückzuweisen.

Ich darf annehmen, dass die Aufdeckung der vollen Wahrheit sowohl dem Gerechtigkeitsgefühl, wie den interessen der Katholischen Kirche in gleicher Weise entspricht und ich glaube daher, auf Euer Eminenz gütige Unstertützung rechnen zu können, wenn ich bitte, mir in meinen Bemühungen um Klarlegung der Tatsachen behilflig zu sein.

Das Material, das Euere Eminenz über eventuelle Fälle von Schändung von Klosterfrauen in der dortigen Diözese vorlegen wollen, würde mich in Stand setzen, die nach Lage der Sache gebotenen weiteren Schritte zu tun.

Mit dem Ausdruck meiner vorzugligsten Hochachtung habe ich die Ehre zu sein.

Euerer Eminenz sehr ergebener
(*Signé :*) Fhr. von Bissing.

An Seine Eminenz den Herrn Erzbischof von Mecheln, in Mecheln.

Note de l'éditeur. — Voici la traduction de cette lettre :

LE GOUVERNEUR GÉNÉRAL
EN BELGIQUE

—

Bruxelles, le 3o mars 1915.

Éminence,

La presse étrangère, à côté d'une série d'autres accusations qui en majeure partie ont déjà été reconnues fausses, a lancé ce grave reproche que des soldats allemands, lors de la traversée de la Belgique, n'ont pas reculé devant des attentats contre des religieuses belges.

Il n'est pas nécessaire de faire remarquer que de pareils faits, s'ils devaient être reconnus exacts, seraient assurés de la plus vive réprobation du Gouvernement général et du Gouvernement allemand. D'un autre côté, l'équité exige que des accusations reconnues inexactes soient repoussées comme il convient.

J'ose espérer que la découverte de la pleine vérité répond aussi bien au sentiment de l'équité qu'aux intérêts de l'Eglise, et je crois donc pouvoir compter sur l'obligeant appui de Votre Eminence si je La prie de m'assister dans mes efforts en vue d'élucider les faits.

Les documents que Votre Eminence voudrait communiquer concernant des cas éventuels d'attentats contre des religieuses me mettraient à même d'entreprendre les démarches que comporterait la situation.

En vous priant d'agréer l'expression de ma plus haute considération, j'ai l'honneur d'être de Votre Éminence le très respectueux

(*Signé :*) Baron von Bissing.

A Son Éminence l'Archevêque de Malines,
à Malines.

Voici notre réponse :

ARCHEVÊCHÉ DE MALINES

Malines, le 16 avril 1915.

Monsieur le Gouverneur Général,

J'ai bien reçu la lettre n° 1243 que Votre Excellence m'a fait l'honneur de m'adresser et je regrette d'avoir été empêché d'y répondre plus tôt.

Des bruits circulent, en effet, accueillis par certains journaux, démentis par d'autres, au sujet d'outrages que des religieuses belges auraient eu à subir de la part de soldats allemands, et, d'accord avec Votre Excellence, je proteste contre ceux qui, à la légère, sans preuve, jettent dans le public ou y entretiennent d'aussi odieuses accusations.

Mais lorsque Votre Excellence me demande de l'aider à faire la lumière sur le bien ou le mal-fondé de ces imputations, je me vois dans la nécessité de lui opposer une question préalable.

L'autorité civile a-t-elle le droit d'instituer une enquête sur des faits d'une nature aussi délicate ?

Qui interrogerait-on ?

Le confesseur ? Le médecin ? Ils sont liés par le secret professionnel.

Les supérieures ? Savent-elles toujours toute la vérité ? Et si elles la savent pour l'avoir apprise sous le sceau du secret, ont-elles le droit de parler ?

Osera-t-on interroger les intéressées ? Ne serait-ce pas cruel ? Essayera-t-on de faire parler des témoins, au risque d'exposer les victimes, déjà si malheureuses, d'une violence, à porter devant l'opinion publique la tare du déshonneur ?

En ce qui me concerne, je n'oserais soumettre personne à un interrogatoire, sur un sujet aussi délicat, et les confidences qui, spontanément, m'ont été faites ou me seraient faites à cet égard, ma conscience m'interdit de les livrer à autrui.

Notre devoir, Excellence, est d'empêcher, par les moyens en notre pouvoir, que le public se complaise à ces allégations capricieuses et malsaines, et j'applaudirai de toute mon âme à la répression que la justice exercera sur ceux qui, soit de parti pris, soit par une impardonnable légèreté, les inventent ou les colportent. Mais j'estime que nous ne pouvons aller plus loin sans empiéter sur les droits de la conscience et nous exposer à violer la liberté du for intérieur.

Agréez, Monsieur le Gouverneur général, la

nouvelle assurance de ma très haute considération.

(Signé :) D.-J. Cardinal Mercier,
Archevêque de Malines.

A Son Excellence Monsieur le Baron von Bissing,
Gouverneur général,

Bruxelles.

ANNEXE III

Nous savons et nous affirmons que l'armée allemande s'est livrée, en Belgique, en cent endroits différents, à des pillages, à des incendies, à des emprisonnements, à des massacres, à des sacrilèges, contraires à toute justice et à tout sentiment d'humanité.

Il y a des parties du Hainaut et des deux Flandres, qui sont encore aujourd'hui dans la région des Etapes et dont les désastres nous sont, par suite, moins connus. Mais voici une énumération approximative des localités que vise notre protestation :

1. **Diocèse de Namur** : Provinces de Namur et de Luxembourg.

Tamines, Surice, Spontin, Namur, Ethe, Gomery, Latour, Aische-en-Refail, Alle, Arsimont, Auvelais, Bonnines, Bourseigne-Neuve, Bouge, Daussois, Dourbes, Ermeton-sur-Biert, Evrehailles, Felenne, Fosses, Franchimont, Franc-Waret, Frasne, Gedinne, Gelbressée, Hansinelle, Hanzinne, Hautbois, Hastière, Hermeton-sur-Meuse, Hingeon, Houdrémont, Jemeppe-sur-Sambre, Lisogne, Louette-Saint-Pierre, Mariembourg, Mettet, Monceau, Morville, Onhaye, Oret, Petigny, Romedenne, Somme-Leuze, Somzée, Stave, Temploux, Villers-en-Fagne, Wartet, Waulsort, Willersée, Yvoir, Anloy, Assenois, Baranzy, Bertrix, Briscol, Etalle, Framont, Frêne-Opont, Freylange, Glaumont, Glaireuse, Hamipré, Herbeumont, Izel, Jéhonville, Maissin, Manhay, Musson, Mussy-la-Ville, Neufchâteau, Pin, Saint-Léger, etc., etc.

Thibessart, Biesme, Porcheresse, Graide, Nothomb, Rulles, Rosière-la-Grande, Bovigny, Gouvy, Champion, Jamoigne, Silenrieux, Les Bulles, Tintigny, Ansart, Rossignol, Sorinne, Bièvre, Behême, Léglise, Laneffe, Frénois, Villers-devant-Orval, Couvin, Houdemont, Chiny, Anthée, Ychippe, Conneux, Aye, Evelette, Florenville, Hollogne, Le Roux, Leuze, Marche, Sainte-Marie, Saint-Vincent.

Andenne, Dinant.

2. **Diocèse de Liége** : PROVINCES DE LIÉGE ET DE LIMBOURG.

Battice, Herve, Visé, Mouland, Hermée, Allembaye, Louveigné, Lincé, Poulseur, Soumagne, Fecher, Melin, Julémont, Barchon, Lummen, Haelen, Lanaeken.

3. **Diocèse de Malines** : PROVINCES DE BRABANT ET D'ANVERS.

Haekendover, Autgaerden, Grimde, Hougaerde, Cumptich, Hautem-Sainte-Marguerite, Vissenaeken, Bunsbeek, Lubbeek-Saint-Bernard, Wever, Attenrode, Cappellen (Glabbeek), Cortryck-Dutzel, Glabbeek, Pellenberg, Neer-Linter, Budingen, Heelenbosch, Orsmael-Gussenhoven, Corbeek-Loo, Lovenjoul, Roosbeek,

Schaffen, Molenstede, Wersbeek, Aerschot,
Rillaer, Gelrode, Wesemael, Hersselt, Rethy,
Haecht, Rotselaer, Wackerzeel, Werchter,
Tremeloo, Thildonck, Wespelaer, Boortmeer-
beeck, Rymenam, Hever, Louvain, Heverlé,
Hérent, Berg, Campenhout, Bueken, Neder-
Ockerzeel, Cortenberg, Delle, Boisschot, Goor,
Heyst-op-den-Berg, Beersel, Putte, Schrieck,
Malines, Bonheyden, Wavre-Notre-Dame,
Wavre-Sainte-Catherine, Waelhem, Leest,
Hombeek, Sempst, Laer, Hofstade, Muysen,
Schiplaeken, Konings-Hoyckt, Kessel, Lierre,
Duffel, Blaesveld, Perck, Peuthy, Hautem,
Elewyt, Weerde, Eppeghem, Pont-Brûlé, Grim-
berghen, Londerzeel, Meysse, Humbeek, Nieu-
wenrode, Beyghem, Wolverthem, Cappelle-au-
Bois, Linsmeau, Wavre, Mousty.

4. Diocèse de Gand : FLANDRE ORIENTALE.
Saint-Gilles, Lebbeke, Termonde.

5. Diocèse de Tournai : PROVINCE DE HAI-
NAUT.
Péronne.

ANNEXE IV

INFRACTIONS A LA CONVENTION DE LA HAYE

L'Allemagne a signé la Convention de La Haye.

Déjà le premier Gouverneur général, Baron VON DER GOLTZ, s'était réclamé de la Convention de La Haye dans un arrêté publié par lui le 12 novembre 1914.

Le second Gouverneur général allemand, M. le Baron VON BISSING, dans une proclamation solennelle, publiée le 18 juillet 1915, déclara *vouloir administrer la Belgique d'après la Convention de La Haye, concernant les lois et les coutumes de la guerre sur terre...* Il ajouta : « *Sa Majesté l'Empereur allemand,* après l'occupation du Royaume de Belgique par nos troupes victorieuses, m'a confié l'administration de ce pays, et *m'a chargé d'exécuter les obligations résultant de la Convention de La Haye.* »

Voilà le droit

Voici le fait.

1° Les peines collectives.

L'article 50 de la Convention stipule : « Aucune peine collective, pécuniaire ou autre, ne pourra être édictée contre les populations, à raison de faits individuels, dont elles ne pourraient être considérées comme solidairement responsables. »

Or l'histoire de l'occupation comprend trois périodes : celle de l'invasion, celles auxquelles ont présidé successivement le Baron von der Goltz et le Baron von Bissing.

Pendant la période de l'invasion, la peine collective fut appliquée systématiquement et sous toutes les formes. Les preuves de cette assertion abondent. En voici une qui, à elle seule, suffit :

A mesure que l'invasion gagnait du terrain, le commandant en chef de l'armée faisait afficher, en trois langues, sur papier rouge, une proclamation où il était dit :

« Les villages où des actes d'hostilité seront commis par les habitants contre nos troupes *seront brûlés.*

« *Seront tenus responsables* de toutes les destructions des routes, chemins de fer, ponts, etc., *les villages dans la proximité* des points de destruction.

« Les punitions énoncées ci-dessus seront exécutées sévèrement et sans grâce. *La totalité sera rendue responsable.* Les otages seront pris largement. Les plus graves contributions de guerre seront infligées. »

Sous le Gouvernement du Maréchal von der Goltz, une proclamation, signée de la main du

Gouverneur général et promulguée, le 2 septembre 1914, dans le territoire occupé, disait expressément : « C'est la dure nécessité de la « guerre, que les punitions d'actes hostiles « frappent, *en dehors des coupables*, aussi *des* « *innocents*. »

En conséquence, les punitions collectives furent appliquées sans ménagement.

Ainsi, exemple typique, la ville de Bruxelles fut condamnée à payer 5 millions d'amende, parce qu'un de ses agents de police, à l'insu de l'Administration communale, avait manqué d'égards à un fonctionnaire de l'Administration civile allemande.

Un avis signé *Baron von der Goltz*, affiché le 7 octobre 1914, applique la peine collective à la famille. Il y est dit : « Le Gouvernement belge « a fait parvenir aux miliciens de plusieurs « classes des ordres de rejoindre l'armée... Il « est strictement défendu à tous ceux qui « reçoivent ces ordres d'y donner suite... *En* « *cas de contravention la famille du milicien* « *sera également tenue responsable.* »

Sous le Gouvernement du Général Baron von Bissing, c'est-à-dire à partir du 3 décembre 1914, les punitions *collectives*, en violation de l'article 50, ont été continuelles. Voici quelques échantillons :

Le 23 décembre 1914, une affiche placardée disait :

« Si les sépultures des soldats tombés

« sont endommagées ou violées, non seule-
« ment l'auteur sera puni, mais aussi *la com-*
« *mune en sera faite responsable.* »

Un avis du Gouverneur général, en date du
26 janvier 1915, rend les *membres de la famille*
responsables du fait qu'un Belge apte au service
militaire, de seize à quarante ans, passe en Hollande.

Et, de fait, sous des prétextes les plus fu-
tiles, on frappe de grosses amendes les communes : la commune de Puers doit payer
3.000 marks d'amende, parce qu'un fil télé-
graphique est rompu. Et l'enquête a cependant
établi que c'est l'usure qui l'avait fait tom-
ber.

Malines, ville ouvrière, sans ressources, se
voit infliger une amende de 20.000 marks,
parce que le Bourgmestre n'a pas averti l'autorité militaire d'un voyage que le Cardinal,
privé de l'usage de son automobile, avait été
contraint de faire à pied.

2° Le travail forcé pour l'ennemi.

D'après l'article 52 de la Convention de La
Haye, des réquisitions en nature et des services ne peuvent être réclamés des communes
ou des habitants qu'à trois conditions :

A condition qu'ils n'impliquent pas pour les
populations l'obligation de prendre part aux
opérations de guerre contre la patrie;

A condition qu'ils ne concernent que les besoins de l'armée d'occupation ;

A condition qu'ils soient en rapport avec les ressources de ceux auxquels ils sont demandés.

Il est piquant de noter que l'article 23 contient une finale qui fut proposée au II° Congrès de La Haye, en 1907, par la délégation allemande ; la voici : « Il est interdit à un belligé-« rant de forcer les nationaux de la partie adverse « à prendre part aux opérations de guerre diri-« gées contre leur pays. »

Or :

1° *Lors de l'invasion*, les civils belges, en vingt endroits, furent contraints de prendre part aux opérations de guerre contre leur propre pays. A Termonde, à Lebbeke, à Dinant et ailleurs, en maints endroits, *des citoyens paisibles, des femmes, des enfants furent contraints de marcher en tête de régiments allemands* ou de former devant eux un rideau.

A Liége et à Namur, les civils furent obligés de creuser des tranchées, furent employés à des travaux de réfection des fortifications.

Le régime des otages sévit avec frénésie. La proclamation du 4 août citée plus haut le disait sans ambages : « *Les otages seront pris largement.* »

Une proclamation officielle affichée à Liége,

dans les premiers jours d'août, portait ceci :
« Toute agression commise contre les troupes allemandes par d'autres que des militaires en uniforme, non seulement expose celui qui s'en rend coupable à être immédiatemeet passé par les armes, mais encore entraînera les représailles les plus violentes contre tous les habitants et spécialement contre les Liégeois qui sont retenus comme otages à la citadelle de Liége par le commandant des troupes allemandes. »

Ces otages sont :

Mgr RUTTEN, Evêque de Liége;

M. KLEYER, Bourgmestre de Liége;

Les sénateurs, représentants, députés permanents, échevins de Liége.

2° *Sous le Gouvernement du Feld-Maréchal von der Goltz*, les réquisitions de services pratiquées pendant le mois d'août furent continuées sous toutes les formes : creusement de tranchées, travail aux fortifications, charroi, travail aux routes, aux ponts, aux chemins de fer, etc.

Un arrêté du Gouverneur général, paru le 19 novembre, disait : « Sera puni d'un empri-
« sonnement — dont l'arrêté ne précise pas
« même la durée ; c'est l'arbitraire, sans rete-
« nue — quiconque aura tenté de retenir, par la
« contrainte, par la menace, par la persuasion
« ou par d'autres moyens de l'exécution d'un

« travail destiné aux autorités allemandes,
« des personnes disposées à fournir ce travail
« ou des entrepreneurs chargés par les au-
« torités allemandes de l'exécution de ce tra-
« vail. »

Quant *au régime des otages*, il sévissait dans toute sa rigueur.

Un spécimen monstrueux d'arbitraire et de cruauté est la proclamation placardée dans les communes de Beyne-Heusay, Grivegnée, Bois-de-Breux, par le major commandant Dieckmann, le 8 septembre 1914. En voici un extrait :

« A partir du 7 septembre, je permettrai
« aux personnes des communes susdites de
« rentrer dans leurs habitations. Pour avoir la
« certitude qu'il ne sera pas abusé de cette per-
« mission, les bourgmestres de Beyne-Heusay
« et de Grivegnée devront dresser immédia-
« tement des listes de personnalités qui se-
« ront retenues comme *otages* au fort de Flé-
« ron.

« *Il y va de la vie de ces otages à ce que la*
« *population des communes précitées se tienne*
« *paisible en toute circonstance.*

« Je désignerai les personnalités qui, de midi
« d'un jour à midi de l'autre jour, ont à sé-
« journer comme otages. Si le remplacement
« n'a pas eu lieu en temps utile, l'otage reste
« de nouveau vingt-quatre heures au fort. Après

« ces nouvelles vingt-quatre heures, *l'otage*
« *encourt la peine de mort si le remplacement*
« *n'est pas fait. Comme otages sont placés en*
« *première ligne les prêtres et les bourgmes-*
« *tres et les autres membres de l'administra-*
« *tion.* »

3° *Sous le Gouvernement du Baron von Bissing,*
les violations de l'article 52 furent flagrantes.
Les faits qui se sont passés dans les ateliers du
chemin de fer à Luttre et à Malines, ainsi que
dans plusieurs communes de la Flandre Occidentale, sont révoltants. Qu'on en juge :

A l'arsenal de *Luttre*, l'autorité allemande
fait afficher, le 23 mars 1915, un avis exigeant
la reprise du travail. Le 21 avril, elle réclame
200 ouvriers. Le 27 avril, des soldats vont réquisitionner les ouvriers à leur domicile et les
conduisent à l'arsenal. En cas d'absence des
ouvriers, un membre de la famille est arrêté.

Cependant les ouvriers maintiennent leur
refus de travailler, « parce qu'ils ne veulent pas
coopérer à des faits de guerre contre leur patrie ».

Le 30 avril, les ouvriers réquisitionnés ne
sont plus relâchés, mais enfermés dans des
voitures de chemin de fer.

Le 4 mai, 24 ouvriers détenus à la prison de
Nivelles sont jugés, à Mons, par un conseil de
guerre, « sous l'inculpation d'avoir fait partie
d'une société secrète ayant pour but de con-

trecarrer l'exécution des mesures militaires allemandes ». Ils sont condamnés à la prison.

Le 8 mai 1915, 48 ouvriers sont enfermés dans un wagon de marchandises et déportés en Allemagne.

Le 14 mai, 45 ouvriers sont déportés en Allemagne.

Le 18 mai, une nouvelle proclamation annonce que les prisonniers « ne recevront « plus que du pain sec et de l'eau ; des aliments « chauds seulement tous les quatre jours ».

Le 22 mai, trois wagons contenant 104 ouvriers sont envoyés vers Charleroi.

Malgré tout, la dignité patriotique des ouvriers eut finalement raison de la pression exercée sur eux.

Il en fut de même à *Malines*, où, par divers moyens d'intimidation, l'autorité allemande essaya de contraindre les ouvriers de l'arsenal à travailler au matériel du chemin de fer, comme s'il n'était pas manifeste que ce matériel deviendrait tôt ou tard un matériel de guerre.

Le 30 mai 1915, le Gouverneur général publie qu'il « sera obligé de punir la ville de Malines et ses environs, en y arrêtant tout trafic économique, si, le mercredi 2 juin, à 10 heures du matin, 500 ouvriers de l'arsenal ne se présentent pas à l'ouvrage ».

Le mercredi 2 juin, aucun ouvrier ne se présente à l'ouvrage. D'où arrêt complet de toute circulation de véhicules dans un rayon de plusieurs kilomètres autour de la ville.

C'est à cette époque qu'eut lieu la promenade à pied du Cardinal, de Malines à Eppeghem, promenade qui occasionna à la ville de Malines une amende de 20.000 marks.

Plusieurs ouvriers furent emmenés de force et maintenus pendant deux ou trois jours à l'arsenal.

La suspension du trafic dura dix jours.

La commune de *Sweveghem* (Flandre Occidentale) a été punie, en juin 1915, parce que les 350 ouvriers de l'usine — usine privée — de M. Bekaert refusaient de fabriquer du fil de fer barbelé pour l'armée allemande.

Voici une affiche qui fut, en juillet-août 1915, placardée à *Menin :*

« ORDRE : A partir d'aujourd'hui la ville ne
« peut plus accorder de secours — quel qu'il
« soit, même pour la famille, femmes et enfants
« — qu'aux seuls ouvriers qui travaillent *régu-*
« *lièrement* à des *travaux militaires* et autres
« ouvrages imposés. Tous les autres ouvriers
« et leurs familles ne pourront plus désormais
« être secourus en aucune façon. »

Est-ce assez odieux ?

Des mesures analogues furent prises, en octobre 1914, à Harlebeke-lez-Courtrai, à

Bisseghem, à Lokeren, à Mons. A Harlebeke, 29 habitants furent déportés en Allemagne. A Mons, dans la fabrique de M. Lenoir, les directeurs, chefs d'équipe et 81 ouvriers furent condamnés à la prison, pour refus de travail au service de l'armée allemande : M. Lenoir, à 5 ans de prison; cinq directeurs, à 1 an; six chefs d'équipe, à 6 mois; 81 ouvriers, à 8 semaines.

Le Gouvernement général eut aussi recours à des moyens *indirects* de contrainte. Il s'empara de la Croix-Rouge de Belgique, confisqua son avoir et en changea arbitrairement le but. Il essaya de se rendre maître de la Bienfaisance publique et d'exercer son contrôle sur le Comité national de secours et d'alimentation.

Si nous citions *in extenso* l'arrêté du Gouverneur général, du 14 août 1915, « concernant « les mesures destinées à assurer l'exécution « des travaux d'intérêt public », et celui du 15 août 1915, « concernant les chômeurs qui, « par paresse, se soustraient au travail », on verrait par quel détour le Pouvoir occupant essaie d'atteindre à la fois les patrons et les ouvriers.

Mais c'est dans la zone des Étapes que le mépris de la Convention de La Haye a été poussé à l'extrême.

Le 12 octobre 1915, le *Bulletin officiel des Arrêtés* pour le rayon des Étapes publia un arrêté, dont voici quelques passages saillants :

« Art. 1ᵉʳ. — Quiconque sans motif refuse d'entreprendre ou de continuer un travail conforme à sa profession et dans l'exécution duquel *l'Administration militaire a de l'intérêt*, travail ordonné par un ou des commandants militaires, sera passible d'une peine d'emprisonnement correctionnel d'un an au plus. Il peut aussi être déporté en Allemagne.

« *Le fait que l'on invoque des lois belges contraires ou même des conventions internationales ne peut, en aucun cas, iustifier le refus de travailler.*

« Au sujet de la légitimité du travail exigé, *le Commandant militaire a seul le droit de prendre une décision.*

« Art. 2. — Est passible d'une peine d'emprisonnement de cinq ans au plus, quiconque par contrainte, menaces, persuasion ou autres moyens, tente de décider une autre personne au refus désigné à l'article premier.

« Art. 3. — Quiconque sciemment par *des secours ou d'autres moyens* favorise le punissable refus de travailler, sera passible d'une amende pouvant aller jusqu'à 10.000 marks ; il pourra, en outre, être condamné à un an de prison.

« Si des communes ou associations se sont rendues coupables d'une telle transgression, les chefs en seront punis en conséquence.

« Art. 4. — Indépendamment des pénalités dont menacent les articles 1 et 3, les autorités allemandes pourront, en cas de besoin, imposer aux communes où, sans motif, l'exécution d'un travail a été refusée, une contribution ou d'autres mesures coercitives de police.

« Le présent arrêté entre immédiatement en vigueur.

« Gand, le 12 octobre 1915.

« *Der Etappeinspecteur*,
« VON UNGER, *General-leutnant.* »

L'injustice et l'arbitraire de cet arrêté dépassent tout ce que l'on eût pu imaginer. Travail forcé, peines collectives, sanctions indéterminées : tout y est. C'est l'esclavage, ni plus ni moins.

3° Impôts nouveaux.

Bornons-nous à signaler, en peu de mots, deux impôts contraires aux articles 48, 49, 51 et 52 de la Convention de La Haye.

Le premier a été décrété par un arrêté du

gouverneur général baron *von Bissing*, à la date du 16 janvier 1915. Il consiste à frapper les absents d'un impôt additionnel extraordinaire fixé au décuple du montant de la contribution personnelle. Cet impôt ne rentre dans aucune des catégories des impôts existants, il ne frappe qu'une classe de citoyens qui ont légitimement fait usage de leur droit de se déplacer antérieurement à l'occupation du pays. Il est donc contraire aux articles 48 et 51 de la Convention.

La *seconde* violation de la Convention est la Contribution fameuse de 480 millions imposée aux neuf provinces le 10 décembre 1914.

La condition essentielle de la légitimité d'une contribution de cette espèce, selon la Convention de La Haye, c'est qu'elle soit *en rapport avec les ressources du pays* (art. 52).

Or, en décembre 1914, la Belgique était dévastée; des contributions de guerre imposées aux villes, d'innombrables réquisitions en nature l'avaient épuisée; la plupart des usines étaient arrêtées, et chez celles qui travaillaient encore, on ne se faisait pas faute de réquisitionner, contrairement à tout droit, les matières premières.

C'est à cette Belgique appauvrie, vivant de la charité étrangère, que l'on imposait à peu près un demi-milliard.

L'arrêté du 10 décembre 1914 portait : « Il « est imposé à la population belge une contri-

« bution de guerre s'élevant à 40 millions de
« francs, à payer mensuellement, *pendant la*
« *durée d'une année.* »

La voilà écoulée, « cette durée d'une année » !

Or, à l'heure où nous écrivons ces lignes,
le Pouvoir occupant prétend remplacer « la
durée d'une année, par toute la durée de la
guerre ».

Pauvre petite Belgique ! qu'a-t-elle donc fait
à la riche et puissante Allemagne, sa voisine,
pour être ainsi piétinée, torturée, calomniée,
exploitée, pressurée par elle ?

Si nous avions à fournir un relevé complet
des arrêtés et des actes par lesquels le Pouvoir
occupant s'est, à notre connaissance, mis en
contradiction avec la Convention de La Haye,
nous devrions citer encore l'abus des réquisitions *en nature*, à l'encontre de *l'article 52;*
la saisie de fonds appartenant à des sociétés
privées, la réquisition de rails de chemins de fer
sur une longueur de centaines de kilomètres,
la saisie d'armes, déposées, de par ordre du
Gouvernement belge, dans les maisons com-
munales, abus contraire à *l'article 53 ;* la *méconnaissance*, surtout en matière de droit pénal,
des lois en vigueur dans le pays, contrairement
à *l'article 43*.

Mais nous ne pouvons ici tout dire, ni tout
citer.

Si, cependant, les destinataires de notre correspondance souhaitaient la preuve des inculpations qui ne sont qu'indiquées dans cet alinéa final, nous nous empresserions de la leur fournir. Il n'y a, ni dans notre lettre, ni dans ses quatre annexes, une allégation dont nous ne possédions la preuve dans nos dossiers.

(Signé :)   D.-J. Cardinal MERCIER,
Archevêque de Malines.

TABLE DES MATIÈRES

PARIS. — IMPRIMERIE LEVÉ, 17, RUE CASSETTE.